BEI GRIN MACHT SICH IHR WISSEN BEZAHLT

- Wir veröffentlichen Ihre Hausarbeit, Bachelor- und Masterarbeit

- Ihr eigenes eBook und Buch - weltweit in allen wichtigen Shops

- Verdienen Sie an jedem Verkauf

Jetzt bei www.GRIN.com hochladen und kostenlos publizieren

Strategiebericht für ein Premium-Fitnessstudio in Rostock. Strategische Zielplanung, Branchenvergleich, SWOT-Analyse, Blue-Ocean-Strategie und Personalmanagement

Cara Glanerschulte

Bibliografische Information der Deutschen Nationalbibliothek:

Die Deutsche Nationalbibliothek verzeichnet diese Publikation in der
Deutschen Nationalbibliografie; detaillierte bibliografische Daten sind
im Internet über http://dnb.d-nb.de abrufbar.

ISBN: 9783346721150
Dieses Buch ist auch als E-Book erhältlich.

Druck und Bindung: Books on Demand GmbH, Norderstedt Germany
Gedruckt auf säurefreiem Papier aus verantwortungsvollen Quellen

Das vorliegende Werk wurde sorgfältig erarbeitet. Dennoch
übernehmen Autoren und Verlag für die Richtigkeit von Angaben,
Hinweisen, Links und Ratschlägen sowie eventuelle Druckfehler keine
Haftung.

Das Buch bei GRIN: https://www.grin.com/document/1272010

Deutsche Hochschule für

Prävention und Gesundheitsmanagement

Hermann Neuberger Sportschule 3

66123 Saarbrücken

Bitte ankreuzen:

__x__ **Hausarbeit**

____ **Skript**

Name, Vorname.	Glanerschulte, Cara
Modul:	Strategisches Management 1
Studiengang:	MBA- Sport- und Gesundheitsmanagement
Datum Präsenzphase:	15.03.-18.03.2021
Studienort:	Köln
Aufgabe:	Erstellung eines Strategieberichts für ein Premium-Fitnessstudio in Rostock

Inhaltsverzeichnis

1 Darstellung der Ausgangssituation

1.1 Wahl des Standortes

Der ausgewählte Standort für das Premium-Fitnessstudio befindet sich in 18069 Rostock. Dieser ist in Abbildung 1 anhand der roten Markierung zu erkennen. Das Gebäude liegt im westlichen Teil der Stadt ist aber trotz dessen zentral gelegen und für alle Stadtteile gut zu erreichen.

Direkt in unmittelbarer Nähe des Studios befinden sich die Bundesstraßen 103 und 105.

Anmerkung der Redaktion: Diese Abbildung wurde aus urheberrechtlichen Gründen entfernt.

Abbildung 1: Darstellung des Studiostandortes

1.2 Beschreibung des Unternehmenstyps

Die Hauptzielgruppe des Unternehmenstyp Premium-Segment sind Personen die in einem ausgezeichneten Studio die Qualität zu schätzen wissen und ihrem, häufig stressigen, Alltag entfliehen wollen.

Um dieser Zielgruppe gerecht zu werden wird das Studio gesundheitsorientiertes Kraft- und Fitnesstraining, sowie ausgewählte Kurse und Wellness anbieten.

Die folgende Tabelle 1 zeigt die jeweiligen Dienstleistungen zu den drei genannten strategischen Geschäftsfeldern.

Tabelle 1: Strategische Geschäftsfelder und deren zugehörige Dienstleistungen

Strategisches Geschäftsfeld (SGF)	Kraft- und Fitnesstraining	Kurse	Wellness
Zugehörige Produkte und Dienstleistungen	• Gesundheitsorientiertes Krafttraining (Trainingsplanerstellung, Anamnese und Ernährungsberatung) • Ausdauertraining an modernen Cardiogeräten • Gerätepark mit diversen Kraftgeräten • Zirkeltraining • Freihanteltraining • Nach Bedarf regelmäßiges Personal Training	• Jumping-Fitness • Spinning • Zumba • Rehabilitationskurse, abgerechnet nach §44 SGB • LesMills-Kurse: BodyPump, BodyBalance und BodyCombat	• Dampfsauna • Drei Solarien • Unterwasserdruckstrahlmassage • Diverse Beautybehandlungen wie zum Beispiel Haarentfernung, Fußpflege und Gesichtsbehandlungen (Räumlichkeiten werden an eine Kosmetikerin zur Untermiete freigegeben)

Die oben genannten Dienstleistungen bieten den Kunden ein breites und qualitativ hochwertiges Angebot. Es besteht die Möglichkeit klassisches Kraft- und Ausdauertraining zu betreiben. Nach Bedarf kann ein Personal Trainer gebucht werden und durch die Angebote von Anamnese, Trainingsplanerstellung und Ernährungsberatung haben die Kunden die Chance ihre Zeit und das Training so effizient und gesund wie möglich zu gestalten. Durch ein umfassendes Kursangebot, mitunter auch diverse Trendsportarten wie zum Beispiel Jumping Fitness, spricht man eine weitere Zielgruppe an.

Abgerundet wird das Premium-Studio durch den Wellness-Bereich. Hier können die Kunden, wie bereits erwähnt, ihrem stressigen Alltag entfliehen. Außerdem wird den Kunden auch hier die Möglichkeit geboten Zeit zu sparen da Fitnesstraining, Entspannung und die Kosmetikerin direkt in einem Gebäude zu erreichen sind.

Durch das breitgefächerte Angebot soll eine möglichst große Zielgruppe erreicht werden, welche Qualität schätzt und auch für diese bereit ist entsprechend zu zahlen.

2   Phase der strategischen Zielplanung

2.1   Unternehmerische Vision/ Mission/ Grundwerte

Die Vision des Unternehmens lautet: „Ein großartiges Studio für großartige Menschen. Wir revolutionieren, durch unser erstklassiges Angebot, den europäischen Fitnessmarkt. Gemeinsam erreichen wir Deine Ziele."
Eine Vision ist zukunftsgerichtet und weist einen Ziel-, sowie einen Richtungscharakter auf (Simon & Gathen, 2010, S.18). Die vorangestellte Vision hat ein zentrales Ziel und bewegt sich zwischen Realität und Utophie („Wir revolutionieren (…) den europäischen Fitnessmarkt")

Die Formulierung einer Mission beinhaltet das Ziel des Unternehmens sowie die Definition der Zielgruppe: „Wir erreichen gemeinsam mit unseren Mitgliedern deren Ziel. Aufgrund unseres großzügigen und qualitativen Angebotsspektrum werden alle Wünsche erfüllt."

Im Folgenden werden die Grundwerte aufgelistet. Diese werden aus der Vision abgeleitet. Die Grundwerte dienen als dauerhaftes Leitbild, welche das Werteverständnis des Unternehmens widerspiegeln (Müller-Stevens & Lechne, 2011, S.233). Im Vordergrund stehen zufriedene Mitglieder und Mitarbeiter da diese den Erfolg des Unternehmens sichern.

Die Grundwerte des Unternehmens lauten:

- Erfolgreiche, zufriedene Mitglieder und Mitarbeiter sichern den Erfolg des Studios
- Glückliche Mitglieder machen uns glücklich
- Jedes Mitglied wird individuell gefördert und gefordert um nachhaltig seine Ziele zu erreichen

2.2 Strategische Zielplanung

Abgeleitet von der Vision, Mission und den Grundwerten des Unternehmens werden in nachfolgender Tabelle 2 vier verschiedene Unternehmensziele und deren Bezug zum Unternehmen dargestellt.

Tabelle 2: Strategische Zielplanung

Ziel	Bezug zum Unternehmen
Expansion in Europa: Eröffnung von 5 weiteren Studios innerhalb der nächsten 2,5 Jahre	Da das Unternehmen den europäischen Fitnessmarkt revolutionieren will muss es sich vorerst ausreichend Standbeine in verschiedenen Städten aufbauen.
Erfolgreiches Generieren von Mitgliedern: Gewinnung von 10.000 Mitgliedern innerhalb der nächsten 5 Jahre	Um eine Expansion zu ermöglichen muss das Studio beziehungsweise in Zukunft die Studios eine gewisse Mitgliederanzahl haben um alle Kosten decken und eine Expansion finanzieren zu können.

Digitalisierung: Innerhalb der nächsten 12 Monate soll eine eigene App auf den Markt gebracht werden	Um die Digitalisierung als Bedrohung für den klassischen Fitnessstudiobetrieb auszuschließen will das Unternehmen mitziehen. Außerdem spielt auch dies eine Rolle in Betracht auf den letzten Punkt: die Mitgliederzufriedenheit.
Hohe Mitgliederzufriedenheit: Mitgliederzufriedenheit von mindestens 85% innerhalb der nächsten 3 Jahre, festgestellt durch Online-Umfragen (nur für Mitglieder) und schriftlichen internen Umfragen	Das Mitglied und dessen Zufriedenheit sowie das Erreichen derer Ziele steht auch im Vordergrund der Ziele des Unternehmens.

2.3   Branchenvergleich

Im folgenden Branchenvergleich werden zwei weitere Studios (Tabelle 3 und 4), in Hinblick auf deren Vision, Mission und deren Grundwerten, genauer betrachtet.

Außerdem werden Gemeinsamkeiten und Unterschiede herausgefiltert und eine Schlussfolgerung aus den Erkenntnissen gezogen.

Tabelle 3: Branchenvergleich mit dem Unternehmen Best Fitness GmbH

Unternehmen	Best Fitness GmbH
Vision	„Best Fitness! Quality Fitness! Für jeden etwas dabei. Bei uns fühlst du dich wohl."
Mission	Durch ein vielfältiges Angebotsspektrum eine möglichst große Zielgruppe gestalten beziehungsweise erreichen.
Grundwerte	• Mitgliederzufriedenheit und Wohlfühlatmosphäre steht im Vordergrund • Jedes Mitglied wird individuell unterstützt

Im Mittelpunkt der Vision von Best Fitness steht die Zufriedenheit der Mitglieder. Die Mission besteht daraus eine möglichst große Zielgruppe durch ein breites Angebotsspektrum zu gewinnen.

In beiden Punkten ähnelt das Studiokonzept dem des geplanten Unternehmens. Beide weisen ein vielfältiges Angebot auf und setzen auf die Kundenzufriedenheit als Erfolgsfaktor.

Auch die Grundwerte ähneln dem geplanten Studio. Es geht hauptsächlich um die individuelle Unterstützung im Training und, dass das Mitglied gerne zum Training geht.

Tabelle 4: Branchenvergleich mit dem Unternehmen MedX Rostock GmbH & Co. KG

Unternehmen	MedX Rostock GmbH & Co. KG
Vision	„Ein effektives Training ganz nach Ihren Bedürfnissen. Mit umfangreichen Körperanalysen und einer zielorientierten Trainingssteuerung erreichen Sie Ihre persönlichen Trainingsziele"
Mission	Es werden keine Besonderheiten wie Wellness und Kurse angeboten da das Mitglied sich voll und ganz auf das Training konzentrieren soll.
Grundwerte	• Das Trainingsziel des Kunden steht im Vordergrund • Krafttraining dient zur Steigerung der Kraft und zur Stressreduzierung

Bei MedX fällt auf, dass sich die beiden Unternehmen im Hinblick auf die Wichtigkeit der Mitglieder ähneln. Jedoch verfolgen sie, bezogen auf den Einfluss auf die Fitnessbranche, unterschiedliche Ziele.

Des Weiteren legt MedX keinen Wert auf Zusatzangebote wie Kurse und Wellness. Dafür legen sie einen besonders großen Wert auf das Krafttraining.

Beide Unternehmen stellen, in den Grundwerten, die Kundenzufriedenheit an oberste Stelle.

Abschließend lässt sich sagen, dass sich die drei Unternehmen in einigen Punkten ähneln. Allerdings lassen sich auch ein paar Unterschiede feststellen.

MedX setzt, im Gegenzug zu den anderen, ausschließlich auf das (gesundheitsorientierte) Krafttraining. Währenddessen die zwei Konkurrenten auf eine breite Palette an Angeboten setzten.

Das geplante Unternehmen und Best Fitness ähneln sich in allen Punkten stark. Hier kann es passieren, dass die Kunden kein Alleinstellungsmerkmal bei dem neuen Studio feststellen und somit die Konkurrenz verstärkt werden könnte.

3   Phase der strategischen Analyse und Prognose

3.1   Branchenstrukturanalyse

Im Folgenden wird eine Branchenstrukturanalyse anhand des Five-Forces-Modell nach Porter durchgeführt. Es werden fünf Wettbewerbskräfte betrachtet, welche im Markt vorherrschen und die Rentabilität des Unternehmens beeinflussen (Porter, 2000, S.29).

- Rivalität unter den bestehenden Wettbewerbern
  Aufgrund der Vielzahl an Fitnessstudios auf dem Markt hat ein Studio durchgehend direkte Konkurrenz. Somit ist es besonders wichtig sich mithilfe eines Alleinstellungsmerkmales durchzusetzen (Pepels, 2011, S.25).

- Bedrohung durch neue Anbieter
  Da die Fitnessbranche immer weiter wächst besteht dauerhaft die Gefahr, dass neue Unternehmen in den Markt eintreten oder bereits existierende Unternehmen einen neuen Standort eröffnen.

- Verhandlungsstärke der Lieferanten
  In der Fitnessbranche spielen Lieferanten eine kleinere Rolle. Zum einen gibt es eine Vielzahl an Anbietern und zum anderen hängt der Umsatz kaum oder gar nicht, je nach Produktart, von den Produkten ab.

- Verhandlungsstärke der Abnehmer
  Die Verhandlungsstärke des Kunden ist von Unternehmen zu Unternehmen unterschiedlich stark. Auch hier ist das Alleinstellungsmerkmal wichtig. Wird etwas angeboten was die Konkurrenz nicht bieten kann sinkt automatisch die Verhandlungsstärke des Kunden. Bietet ein weiteres Studio das Gleiche zu einem günstigeren Preis, wird der Kunde in den meisten Fällen zu dem günstigeren Anbieter wechseln.

- Bedrohung durch Ersatzprodukte

Verschiedene Fitness-Apps und Online-Anbieter werden immer beliebter und der Markt wächst kontinuierlich. Gerade während des Lockdowns bedienen sich eine Vielzahl an Menschen an diesen Möglichkeiten und könnten in Zukunft diese einem klassischen Fitnessstudio vorziehen.

3.2 SWOT-Analyse

In der nachfolgenden Tabelle werden die verschiedenen Punkte einer SWOT-Analyse ausgearbeitet.

Tabelle 5: SWOT-Analyse

Strength	Weaknesses
<ul><li>Qualifizierte Mitarbeiter</li><li>Vielfältiges Angebot</li><li>Viel Erfahrung, da das Unternehmen schon länger international arbeitet</li><li>Kooperationsmöglichkeiten/ Firmenfitness aufgrund des Angebotsspektrums und der Rehabilitationskurse</li></ul>	<ul><li>Hohe Personal-, Fix- und Anschaffungskosten (aufgrund der Qualität)</li><li>Noch unbekannt auf dem europäischen Markt</li><li>Hoher Mitgliedsbeitrag</li></ul>
Opportunities	Threats
<ul><li>Das Gesundheitsbewusstsein der Bevölkerung und der Fitnessmarkt wachsen stetig (DSSV e.V., 2019)</li><li>Aufgrund der aktuellen Vorschriften und Maßnahmen wie zum Beispiel die Ausgangssperre, geschlossen Lokale und die soziale Distanzierung sind die Menschen motiviert, sobald es erlaubt ist, wieder raus zu gehen</li><li>Durch die mangelnde Bewegung und das Sitzen im HomeOffice spüren die Menschen wie wichtig Fitnesstraining für die Gesundheit und das Immunsystem ist</li></ul>	<ul><li>Fitness-Apps und Homeworkouts/Home-Gyms werden, aufgrund der Pandemie, immer beliebter</li><li>Aufgrund der derzeitigen Schließung oder nur begrenzte Nutzung vieler Studios kommt es zu finanziellen Engpässen und einer unsicheren Zukunft</li><li>Branche wird aufgrund der unsicheren Zukunft auch als Arbeitgeber unbeliebter</li><li>Viele Menschen wollen sich nicht mehr binden, da sie entweder flexibel bleiben wollen oder es sich aufgrund der Kurzarbeit nicht leisten können</li></ul>

Aus den erarbeiteten Punkten lassen sich verschiedene Strategien ableiten, indem man diese miteinander verknüpft. Die S-O-Strategien (Stärken-Chancen), S-T-Strategien (Stärken-Risiken), W-O-Strategien (Schwächen-Chancen und die W-T-Strategien (Schwächen-Risiken).

S-O-Strategien:

- Das Bedürfnis, der Menschen mit einem wachsenden Gesundheitsbewusstsein, nach Fitness wird durch das Training gemeinsam mit den qualifizierten Mitarbeitern befriedigt.
- Aufgrund des vielfältigen Angebotsspektrum wird eine große Zielgruppe erschlossen. So werden viele Mitgliedschaften geschlossen und das Studio kann wachsen.

S-T-Strategien:

- Aufgrund der langjährigen, internationalen Erfahrung können schwierige Phasen, wie zum Beispiel die derzeitige Schließung infolge des Lockdowns, besser überwunden werden.
- Das großzügige Angebot ist ein Alleinstellungsmerkmal des Studios und nimmt so den Respekt vor der Konkurrenz.

W-O-Strategien:

- Die vergleichbar hohen Mitgliedsbeiträge können durch das wachsende Gesundheitsbewusstsein der Menschen leichter gerechtfertigt werden.
- Der aktuelle Lockdown kann genutzt werden um Reichweite aufzubauen. Dies kann in Form von Social-Media und Vorverkaufsaktionen gestaltet werden. Viele Menschen werden das Angebot dankend entgegennehmen, da sie es kaum abwarten können in einem neuen, modernen Fitnessstudio durchzustarten.

W-T-Strategien:

- Das Unternehmen könnte die Digitalisierung zu seinem Vorteil nutzen und eine eigene Fitness-App auf den Markt bringen oder mit einer App kooperieren um ein weiteres Angebot mit aufzunehmen.

- Es können flexiblere Laufzeiten angeboten werden. So wirkt das Angebot auch für Kunden, die sich nicht binden wollen oder können, attraktiv und der Mitgliedsbeitrag kann gerechtfertigt werden.

3.3 Zielplanung

Das Hauptziel des Unternehmens besteht aus der Gewinnung von Mitgliedern und somit die Möglichkeit weiter zu expandieren.

Allerdings wird dieses Vorhaben durch den aktuellen Lockdown extrem erschwert.

Da die Ziele über einen längeren Zeitraum geplant sind besteht immer noch die Möglichkeit diese umzusetzen. Jedoch ist dies abhängig von den aktuellen Auflagen.

Da sich die Lage, trotz strengen Regeln und des Impfens, nicht erholt kann sich eine Eröffnung auf unbestimmte Zeit verschieben.

Wichtig ist, die Ziele im Auge zu behalten und die Zeit zu nutzen um an Bekanntheit zu gewinnen. Hierbei spielt die Digitalisierung eine wichtige Rolle. Es besteht die Möglichkeit Werbung über verschiedene Social-Media-Plattformen zu schalten oder eine eigene App auf den Markt zu bringen. Außerdem kann man durch einen Vorverkauf mit vergünstigten Mitgliedschaften bereits die ersten Mitglieder generieren. Diese verbreiten, durch Mund-zu-Mund-Propaganda, automatisch und zudem kostenlos Werbung.

Auf diesem Wege besteht die Möglichkeit bei den Teilzielen nicht zu sehr nachzuhängen und darauf zu hoffen, dass die Fitnessbranche sich nach dem Lockdown möglichst schnell erholt und weiterwächst.

4 Phase der Strategieformulierung

4.1 Strategieformulierung

Die gewählte Strategie zielt auf das schnelle Wachstum des Unternehmens ab. Da dieses neu auf dem europäischen Markt ist, muss es an Marktanteil und Bekanntheit gewinnen.

Das neue Konzept des Unternehmens mit neuen Produkten soll die bereits bestehende Zielgruppe ansprechen und dazu eine neue Zielgruppe gewinnen. Hierbei handelt es sich um die Strategie der Produktentwicklung (Nagel & Wimmer, 2009, S.206)

Mithilfe des Alleinstellungsmerkmals, in Form des geplanten Konzeptes, soll sich das Studio von den Mitbewerbern abheben und somit auch bei den Kunden einen Wiedererkennungswert haben (Pepels, 2011, S.25).

4.2 Blue Ocean-Strategie

Bei der Schaffung eines „blue ocean" geht es darum neue Märkte zu erschließen oder bereits bestehende Märkte neu zu definieren um eine neue Nachfrage zu erschaffen und diese zum eigenen Vorteil zu nutzen (Mauborgne & Kim, 2015, S.77).

Im Hinblick auf die derzeitige Situation der Corona-Pandemie, welche viele Veränderungen mit sich bringt, bezieht sich das neue Geschäftsmodell auf das Bedürfnis nach immer mehr Flexibilität.

Es sollen keine festen Verträge mehr angeboten werden sondern lediglich flexible Wochen- und Monatsabos oder Tageskarten.

Diese können online oder vor Ort gebucht und bezahlt werden. Bei der Buchung kann direkt ausgewählt werden welche Produkte genutzt werden wollen.

Ziel ist es die Hemmschwelle verschwinden zu lassen und den Kunden ein sicheres Gefühl zu geben. So müssen sie sich zum Beispiel bei Abwesenheit, Krankheit oder finanziellen Engpässen keine Sorgen mehr um die laufenden Beiträge machen.

Jedoch ist unklar ob sich dieses System bewährt, da bekannterweise viele Fitnessstudios von den sogenannten Karteileichen leben. Diese würden komplett verschwinden.

5   Personalmanagement

5.1   Führungsverhalten

Einer der wichtigsten Punkte ist, dass Führungskräfte die Grundsätze des Unternehmens vorleben und als Vorbild dienen. Außerdem ist in einer Position mit derartiger Verantwortung unternehmerisches Denken unerlässlich. Die Führungskraft muss in der Lage sein die Mitarbeiter zu schulen, fördern und zu begeistern. Des Weiteren ist eine gewisse Berufserfahrung von Nöten. Eine selbstständige und lösungsorientierte Arbeitsweise sowie Zuverlässigkeit, Teamfähigkeit, eine gewisse emotionale Intelligenz und Stressresistenz machen eine qualifizierte und erfolgreiche Führungskraft aus.

5.2   Recruiting

Der erste Schritt zur Mitarbeitergewinnung ist eine attraktive Stellenbeschreibung. Anhand der Bewerbungen wird eine erste Auswahl getroffen. Die jeweiligen Bewerber werden angerufen und zu einem Assessment-Center eingeladen. Dort wird das Verhalten in verschiedene Situation mit branchenbezogenen Aufgaben getestet und beobachtet. Außerdem kann festgestellt werden welcher Bewerber nicht nur die Theorie sondern auch die Praxis verstanden hat und auch unter Stress lösungsorientiert arbeitet. Ein klassisches Probearbeiten ist nicht möglich da, aufgrund der Neueröffnung, noch kein normaler Studioalltag herrscht.

6   Literaturverzeichnis

Best Fitness GmbH (2021). *Best Fitness. Quality Fitness!*
Zugriff am 28.04.2021. Verfügbar unter https://www.bestfitness-hro.de/#leistungen_

DSSV e.V.-Arbeitgeberverband deutscher Fitness- und Gesundheits-Anlagen. (2019).
Eckdaten der deutschen Fitness-Wirtschaft 2020. DSSV: Hamburg.

Google Maps. Zugriff am 26.04.2021.
Verfügbar unter
https://www.google.com/maps/place/Mes-
sestra%C3%9Fe+25,+18069+Rostock/@54.108922,12.0494503,17z/data=!3m1!4b1!4
m5!3m4!1s0x47ac56b8d06312e3:0x2ed1cc7400e4c518!8m2!3d54.108922!4d12.05163
9.

Mauborgne, R. & Kim, C. (2015). Die Ozean-Strategie. *Harvard Business Manager,* (1),
76-86

MedX Rostock GmbH & Co. KG. (20201). *MedX-Ihr Xtra für gesunde Fitness.*
Zugriff am 28.04.2021. Verfügbar unter https://www.medx-rostock.de/

Müller-Stevens, G. & Lechner, C. (2011). *Strategisches Management. Wie strategische
Initiativen zum Wandel führen; der St. Galler General Management Navigator* (4., Aktualisierte Auflage). Stuttgart: Schäffer-Poeschel.

Nagel, R. & Wimmer, R. (2009). *Systematische Strategieentwicklung. Modelle und In-
strumente für Berater und Entscheider* (5., aktualisierte Aufl.). Stuttgart: Schäffer-Poeschel.

Pepels, W. (2011). *Strategisches Management. Grundlagen-Stellgrößen-Erfolgsfaktoren-
Planung-Ausführung aus marktorientierter Sicht* (2.). Berlin: BWV.

Porter, M. E. (2000). *Wettbewerbsvorteile. Spitzenleistungen erreichen und behaupten* (6. Auflg.). Frankfurt: Campus.

Simon, H. & Gathen, A. von der. (2010). *Das grosse Handbuch der Strategieinstrumente. Werkzeuge für eine erfolgreiche Unternehmensführung* (2. Überarbeitete und erweiterte Aufl.). Frankfurt, M.: Campus

7 Abbildungs- und Tabellenverzeichnis

7.1 Abbildungsverzeichnis

7.2 Tabellenverzeichnis